Halloween
Color by Number

Becky J. Radtke

Dover Publications
Garden City, New York

Children of all ages will enjoy the spooky-yet-lighthearted Halloween scenes in this coloring book. Each illustration features a color-by-number guide, along with some blank areas that allow kids the opportunity to use whichever color they choose. Follow along as the youngsters on each page prepare their costumes and go trick-or-treating. They encounter bats and witches, play party games, and even knock on the door of a certain Mr. Frank N. Stein!

Copyright

Copyright © 2017 by Dover Publications
All rights reserved.

Bibliographical Note

Halloween Color by Number is a new work,
first published by Dover Publications in 2017.

International Standard Book Number

ISBN-13: 978-0-486-81216-8
ISBN-10: 0-486-81216-2

Manufactured in the United States of America
81216205   2023
www.doverpublications.com

1= red   2= purple   3= orange   4= blue   5= black
6= brown   8= yellow   9= pink   10 = gray   11= light orange
12= light red   13= light green   14= turquoise   15= dark blue
Blank Areas= Your Choice

1= red   2= purple   3= orange   4= blue   5= black   6= brown

7= green   8= yellow   9= pink   10= gray   11= light orange

12= light red   13= light green   14= turquoise   15= dark blue

Blank Areas= Your Choice

1= red   2= purple   3= orange   4= blue   5= black
6= brown   7= green   8= yellow   9= pink   10= gray
11= light orange   12= light red   13= light green
Blank Areas= Your Choice

2= purple   3= orange   4= blue   5= black   6= brown
7= green   8= yellow   9= pink   10= gray   12= light red
13= light green   14= turquoise   15= dark blue
Blank Areas= Your Choice

2= purple   3= orange   4= blue   5= black   6= brown
7= green   8= yellow   9= pink   10= gray   12= light red
13= light green   14= turquoise   15= dark blue
Blank Areas= Your Choice

1= red   2= purple   3= orange   4= blue   5= black   6= brown
7= green   8= yellow   10= gray   11= light orange   12= light red
13= light green   14= turquoise   15= dark blue
Blank Areas= Your Choice

1= red   2= purple   3= orange   5= black   8= yellow
10= gray   12= light red   14= turquoise
Blank Areas= Your Choice

1= red　2= purple　3= orange　4= blue　5= black　6= brown
7= green　8= yellow　9= pink　10= gray　11= light orange
13= light green　14= turquoise
Blank Areas= Your Choice

2= purple   3= orange   5= black   6= brown   7= green
8= yellow   10= gray   12= light red   13= light green
Blank Areas= Your Choice

1= red   2= purple   3= orange   4= blue   5= black   6= brown

7= green   8= yellow   9= pink   10= gray

12= light red   13= light green   14= turquoise

Blank Areas= Your Choice

1= red   2= purple   3= orange   4= blue   5= black   6= brown
7= green   8 = yellow   9= pink   10 = gray   11= light orange
12= light red   13= light green   14= turquoise   15= dark blue
Blank Areas= Your Choice

1= red   2= purple   3= orange   5= black   6= brown   7= green

8= yellow   10= gray   11= light orange   12= light red

13= light green   15= dark blue

Blank Areas= Your Choice

1= red   2= purple   3= orange   5= black   6= brown   7= green
8= yellow   10= gray   11= light orange   12= light red
13= light green   15= dark blue
Blank Areas= Your Choice

1= red   2= purple   3= orange   4= blue   5= black   6= brown

8= yellow   10= gray   11= light brown   12= light red

13= light green   14= turquoise

Blank Areas= Your Choice

2= purple 3= orange 4= blue 5= black 6= brown 7= green
8= yellow 9= pink 10= gray 11= light orange 12= light red
13= light green 14= turquoise 15= dark blue
Blank Areas= Your Choice

1= red   2= purple   3= orange   4= blue   5= black   6= brown
8= yellow   10= gray   11= light orange
13= light green   14= turquoise
Blank Areas= Your Choice

1= red   2= purple   3= orange   4= blue   5= black   6= brown
8= yellow   10= gray   11= light orange
13= light green   14= turquoise
Blank Areas= Your Choice

1= red   2= purple   3= orange   4= blue   5= black   6= brown

7= green   8= yellow   10= gray   11= light orange   12= light red

13= light green   14= turquoise   15= dark blue

Blank Areas= Your Choice

1= red   2= purple   3= orange   4= blue   5= black   6= brown

7= green   8= yellow   9= pink   11= light orange

12= light red   13= light green

Blank Areas= Your Choice

1= red 2= purple 3= orange 4= blue 5= black 6= brown
7= green 8= yellow 9= pink 10= gray 11= light orange
12= light red 13= light green 14= turquoise 15= dark blue
Blank Areas= Your Choice

1= red 2= purple 3= orange 4= blue 5= black 6= brown
7= green 8= yellow 9= pink 10= gray 11= light orange
12= light red 13= light green 14= turquoise 15= dark blue
Blank Areas= Your Choice

2= purple 3= orange 4= blue 5= black 6= brown 7= green
8= yellow 9= pink 10= gray 12= light red
13= light green 14= turquoise
Blank Areas= Your Choice

1= red   2= purple   3= orange   4= blue   5= black   7= green
8= yellow   9= pink   10= gray   11= light orange   12= light red
13= light green   14= turquoise   15= dark blue
Blank Areas= Your Choice

1= red 2= purple 3= orange 4= blue 5= black 6= brown

8= yellow 9= pink 10= gray 11= light orange 12= light red

13= light green 14= turquoise

Blank Areas= Your Choice

2= purple   3= orange   4= blue   5= black   6= brown   7= green
8= yellow   9= pink   10= gray   11= light orange   12= light red
13= light green   14= turquoise   15= dark blue
Blank Areas= Your Choice

1= red 2= purple 3= orange 4= blue 5= black 6= brown

7= green 8= yellow 9= pink 10= gray 11= light orange

12= light red 13= light green 14= turquoise 15= dark blue

Blank Areas= Your Choice

1= red 2= purple 3= orange 4= blue 5= black 6= brown
7= green 8= yellow 9= pink 10= gray 11= light orange
12= light red 13= light green 14= turquoise 15= dark blue
Blank Areas= Your Choice

2= purple   3= orange   4= blue   5= black   6= brown   8= yellow
9= pink   10= gray   11- light orange   12= light red
13= light green   14= turquoise   15= dark blue
Blank Areas= Your Choice

1= red   2= purple   3= orange   4= blue   5= black   6= brown
7= green   8= yellow   10= gray   11= light orange
12= light red   13= light green   14= turquoise   15= dark blue
Blank Areas= Your Choice

2= purple   3= orange   4= blue   5= black   6= brown   8= yellow
9= pink   10= gray   11= light orange   12= light red
13= light green   14= turquoise   15= dark blue
Blank Areas= Your Choice